Alles ist SCHÖNER mit KUCHEN

MAIRA KALMAN

Alles ist SCHÖNER mit KUCHEN

MIT REZEPTEN VON

BARBARA SCOTT~GOODMAN

AUS DEM ENGLISCHEN
VON ULRIKE BECKER

KUNSTMANN

Das
KUCHEN-
Buffet

Der erste Kuchen

Den ersten Kuchen, an den ich mich erinnern kann, aß ich auf der Terrasse meiner Tante Shoshana in Tel Aviv. Es war ein Schokoladenkuchen.

Die Sommer damals waren lang und heiß. Jeden Vormittag ging Shoshana mit ihren drei Kindern Tali, Azriel und Orna und meiner Schwester Kika und mir für ein paar Stunden an den Strand.

Anschließend liefen wir zu Fuß nach Hause, duschten und versammelten uns dann auf ihrer Terrasse. Wir legten uns auf die kühlen Steinfliesen. Einfach faul herumzuhängen fiel uns nicht schwer. Jeder von uns bekam einen Teller mit einem Stück Schokoladenkuchen und grünen Weintrauben vorgesetzt. Ich weiß nicht, ob wir jemals Danke gesagt haben. Aber so ist es eben.

Die Familie kam aus Weißrussland. Dort waren die Winter eisig.
Die HÜTTEN wurden mit Holzöfen beheizt. Die Wäsche wusch man im Fluss. Alle haben von morgens bis abends geschuftet wie die Tiere.

Trotzdem wurde jede Menge Kuchen gebacken.

Die Familien saßen um den Tisch, erzählten sich Geschichten und sangen. Sie tranken sehr heißen Tee aus Gläsern und aßen Kuchen dazu.

Der Es-hat-sich-kaum-etwas-verändert-Kuchen

Also eigentlich hat sich vieles verändert.
Aber wir versammeln uns nach wie vor um einen Tisch.
Wir MACHEN Pläne.
Uns schwirrt der Kopf.
Zum Schluss essen wir Kuchen.

Der Lieb-nicht-böse-sein-Kuchen

Einmal ging meine Großmutter mit all meinen Cousins und Cousinen in Tel Aviv in den Zirkus. Alle waren ganz aufgeregt. Nach dem Zirkus mussten meine Großmutter und die Cousins und Cousinen rennen, um den Bus noch zu erwischen. Beim Laufen brach meiner Großmutter ein Absatz ab.

Sie hüpfte und humpelte, so schnell sie konnte, um den Bus noch zu kriegen. Die Kinder bogen sich vor Lachen beim Anblick ihres Missgeschicks. Als sie nach Hause kamen, wurden sie gefragt, wie es im Zirkus gewesen war. Aber sie konnten sich an nichts erinnern. Das Einzige, was sie interessierte, war der abgebrochene Absatz, die Verzweiflung meiner Großmutter und ihre eigene Belustigung. Das Schöne daran ist, dass meine Großmutter den Kindern kein bisschen böse war. Sie backte einen Kuchen, und alle aßen ihn gemeinsam. Orna, die mir diese Geschichte erzählt hat, glaubt, es war eine Babka.

Der neunte Geburtstag

Meine Eltern luden alle meine Freundinnen ein.
Alle Mädchen trugen ausgefallene Kleider und Hüte.
Wir wussten ganz genau, wie man sich
hübsch anzieht.
Mein Kleid war weiß
mit einer roten
Schärpe.

Mein Vater, meine Mutter, meine Schwester und ich posierten für das Bild.

Ich war auf jeden Fall die Glücklichste von uns.

Meine Locken glänzten. Ich steckte
voller Selbstvertrauen und Fröhlichkeit.
Die Zukunft lag vor mir.
Der Kuchen stammte wahrscheinlich
von Mother's Bakery in unserer
Straße. Dort machten sie
eine ausgezeichnete
Mokka-Sahne-Torte.

Herzlich willkommen

Die meisten Menschen essen sehr gerne Kuchen; er vermittelt ihnen ein Gefühl von Geborgenheit und Glück. Ein Stück Kuchen ist nicht nur eine köstliche Leckerei, es kann auch lebhafte Erinnerungen heraufbeschwören. Wir erinnern uns an die Kuchen, die es zu besonderen Anlässen gab, beim Kindergeburtstag, an Feiertagen, auf Hochzeiten oder Beerdigungen. Wir erinnern uns an die Kuchen, die wir in Bäckereien und Restaurants gegessen haben, und an solche, die es zu Hause oder auf einer Reise gab. Bestimmte Kuchen sind mit starken Gefühlen und unvergesslichen Erlebnissen verknüpft. Ich habe schon jede Menge raffinierte Kuchen gebacken, für Geburtstagsfeiern, Partys oder Festtagsessen, aber der, der mir am intensivsten in Erinnerung geblieben ist, war ein ganz simpler Kuchen mit Pfirsichen und Zimt, den ich vor vielen Jahren für ein Strandpicknick schnell zusammengerührt habe. An den Nachmittag, an dem ich mit meinen kleinen Töchtern am Strand in der Sonne saß und diesen saftigen Kuchen verspeiste, erinnere ich mich noch so gut, als wäre es gestern gewesen. Im wahrsten Sinne des Wortes eine süße Erinnerung.

Viele Leute halten Kuchen für etwas ganz Besonderes, und das ist er auch. Ein Kuchen zum Dessert kann aus einem schlichten Abendessen ein Ereignis machen, und kaum etwas anderes vermittelt so eindeutig: Lasst uns feiern! Nicht selten ist eine Torte der Höhepunkt der Feier. Wenn das Geburtstagskind sich etwas wünscht und die Kerzen auf dem Kuchen ausbläst oder wenn die Braut die Hochzeitstorte anschneidet, dann wissen alle, dass das Fest – leider oder zum Glück – allmählich zu Ende geht.

Immer wenn ich ins Schaufenster einer Bäckerei schaue, bewundere ich die Kuchen und Torten, die von professionellen Konditoren und Meisterbäckern hergestellt wurden. Ich habe großen Respekt vor ihrem Können, ihrem Talent und ihrem Geschick. Aber am liebsten sind mir selbstgebackene Kuchen – solche, bei denen die Schichten leicht schief geraten sind und die Glasur so aussieht, als hätten Kinder oder Enkel in der Küche mitgeholfen. Ich bin verrückt nach Rührkuchen und Blechkuchen. Sie sind eine einfache Leckerei, die man sich nachmittags zu einer Tasse Kaffee oder Tee als Muntermacher gönnt oder als idealen kleinen Nachtisch in den Picknickkorb oder die Lunchdose packt.

Kuchenbacken ist eigentlich ganz einfach. Die Zutaten sind unkompliziert – Mehl, Butter, Zucker und Eier. Aber wie alle guten Dinge braucht es ein bisschen Geduld und Aufmerksamkeit. Man muss sich an ein paar einfache Regeln halten, und die wichtigste ist wohl, sich Zeit zu nehmen und beim Backen jede Ablenkung zu vermeiden. Anders als eine Suppe oder einen Eintopf kann man einen Kuchen nicht einfach einige Stunden in den Ofen stellen und etwas anderes machen. Beim Backen ist Chemie am Werk. Was die Gerätschaften angeht, braucht man bloß ein paar große Schüsseln, verschiedene Backformen, einen Messbecher und eine Waage. Ein Standmixer ist eine gute Sache, aber nicht unbedingt notwendig. Ich benutze beim Backen immer ein Handrührgerät, denn meine Küche hat zwar schon so einiges erlebt, aber groß ist sie nicht.

Noch etwas, über das sich sowohl gewiefte Backprofis als auch blutige Anfänger einig sein dürften: Nicht jeder Kuchen wird ein Meisterwerk. Manchmal aus einem triftigen Grund – Sie haben ungenau gewogen, oder das Timing hat nicht gepasst. Aber manchmal gibt es auch keinen erkennbaren Grund, und Ihnen bleibt nichts anderes übrig, als sich mit einem Achselzucken zu sagen: „Heut war halt nicht mein Tag zum Kuchenbacken."

Einen Kuchen zu backen ist ungeheuer befriedigend. Ein einfaches Vergnügen, das man dennoch nicht auf die leichte Schulter nehmen sollte. Es gibt doch nichts Schöneres, als einen selbstgebackenen Kuchen auf den Tisch zu stellen und zu sagen: „Den habe ich für euch gemacht."

Alles ist schöner mit Kuchen – Sie sind herzlich eingeladen.

Barbara Scott-Goodman

Jeden Sonntag aßen sie einen Zitronenkuchen und machten Pläne für die kommende Woche.

Zitronenkuchen mit Zitronenglasur

Für den Teig

400 Gramm Mehl

2 Teelöffel Backpulver

½ Teelöffel Salz

230 Gramm Butter, zimmerwarm

400 Gramm Zucker

4 große Eier, zimmerwarm

240 Milliliter Vollmilch

Schale von 2 unbehandelten Zitronen, fein abgerieben

1 Gugelhupfform (25 cm Durchmesser)

Ein Rezept für einen guten Zitronenkuchen sollte jede und jeder im Repertoire haben. Er ist perfekt zu Kaffee oder Tee, man kann ihn aber auch als Dessert mit frischem Obst servieren – und nach ein, zwei oder drei Tagen schmeckt er sogar noch besser. Den Kuchen unbedingt glasieren, solange er noch warm ist.

Das Rezept geht zurück auf den „East 62nd Street Lemon Cake" aus dem Kochbuch „Maida Heatter's Cakes". Erfunden hat den Kuchen Heatters Tochter Toni Evins Marks, die in der East 62nd Street in Manhattan wohnte.

1. Einen Gitterrost auf die Mittelschiene des Backofens schieben und den Ofen auf 175 °C vorheizen. Die Gugelhupfform buttern und mit Mehl bestäuben, überschüssiges Mehl entfernen.

2. Mehl, Backpulver und Salz in eine Schüssel sieben und beiseitestellen.

3. In einer großen Schüssel die Butter mit dem Handrührgerät auf mittlerer Stufe aufschlagen, bis sie geschmeidig ist. Zucker hinzufügen und schaumig schlagen. Die Eier eins nach dem anderen unterschlagen, dabei die Schüsselränder bei Bedarf immer wieder mit einem Spatel abschaben.

4. Gerät auf niedrigste Stufe schalten und die Mehlmischung in drei Portionen abwechselnd mit der Milch hinzufügen. Nur so lange rühren, bis alles eingearbeitet ist. Dann die geriebene Zitronenschale untermischen. Den Teig in die vorbereitete Form füllen und die Oberfläche vorsichtig mit dem Spatel glätten.

5. Backform in den Ofen stellen und 65 bis 70 Minuten backen, bis ein eingestochenes Holzstäbchen sich sauber wieder herausziehen lässt. Den Kuchen 5 Minuten in der Form abkühlen lassen. Dann mit einem scharfen, dünnen Messer an den Innenseiten der Form (außen und in der Mitte) entlangfahren, um den Kuchen zu lösen. Ein Kuchengitter auf die Form legen, den Kuchen stürzen und die Gugelhupfform abheben. Das Kuchengitter auf ein passendes Stück Backpapier stellen und die Glasur zubereiten.

Für die Glasur

100 Gramm Zucker

80 Milliliter Zitronensaft, frisch gepresst

6. Für die Glasur Zucker und Zitronensaft miteinander verrühren. Den Kuchen von oben gleichmäßig mit einem langen, dünnen Holzstäbchen einstechen. Die Glasur über den Kuchen verteilen und den Kuchen vollständig auskühlen lassen. Am besten warten Sie ein paar Stunden (oder einen ganzen Tag), ehe Sie den Kuchen anschneiden.

Rührkuchen mit Pekannuss-Streusel

Für den Teig

300 Gramm Mehl

1 Esslöffel Backpulver

¼ Teelöffel Salz

300 Gramm Zucker

240 Gramm Butter, zimmerwarm

2 große Eier, zimmerwarm

350 Gramm saure Sahne

1 Esslöffel Bio-Vanilleextrakt oder ½ Esslöffel gemahlene Vanille

1 runde Springform (25 cm Durchmesser)

Für die Pekannuss-Streusel

200 Gramm Pekannüsse, grob gehackt

100 Gramm Zucker

1 Esslöffel Zimt, gemahlen

Was gibt es Schöneres als ein Stück saftigen, weichen Rührkuchen und dazu eine Tasse Kaffee? Kaum etwas, wenn Sie mich fragen. Mit einem selbstgebackenen Kuchen kann man Verwandten, Freunden und unerwartetem Besuch eine echte Freude bereiten. Dieser Kuchen wird nicht nur mit Pekannuss-Streuseln bestreut, sondern auch damit gefüllt; die Streusel obendrauf werden beim Backen leicht geröstet, was dem Kuchen ein nussiges Aroma und einen köstlichen Crunch verleiht.

1. Einen Gitterrost in die Mitte des Backofens schieben und den Ofen auf 175 °C vorheizen. Die Backform buttern, mit Mehl bestäuben und überschüssiges Mehl entfernen.

2. Die Nüsse, Zucker und Zimt für die Streusel mischen. Beiseitestellen.

3. Mehl in eine mittelgroße Schüssel sieben, mit Backpulver und Salz mischen.

4. Den Zucker und die Butter in einer großen Schüssel mit dem Handrührgerät auf höchster Stufe in etwa 3 Minuten schaumig schlagen. Die Eier einzeln hinzufügen und jedes gut einarbeiten. Dann saure Sahne und Vanille unterschlagen. Rührgerät auf niedrigste Stufe stellen, Mehlmischung in drei Portionen hinzugeben und nur so lange weiterrühren, bis alles glatt ist. Die Schüsselinnenseiten bei Bedarf mit dem Spatel abschaben. Nicht zu lange rühren.

5. Die Hälfte des Teigs in die vorbereitete Form füllen und gleichmäßig verteilen. Die Hälfte der Nuss-Streusel-Mischung darüberstreuen. Mit dem restlichen Teig bedecken und die Oberfläche glattstreichen. Die übrigen Streusel auf dem Teig verteilen.

6. In den Backofen stellen und etwa eine Stunde backen, bis ein in die Mitte des Kuchens eingestochenes Holzstäbchen sauber wieder herauskommt. Den Kuchen in der Backform auf einem Kuchengitter 10 Minuten abkühlen lassen. Dann mit einem scharfen Messer an den Rändern der Form entlangfahren und den Kuchen aus der Form lösen. Noch warm oder bei Zimmertemperatur servieren.

Karottenkuchen mit Frischkäse-Frosting

Für den Teig

250 Gramm Weizenmehl

2 Teelöffel Natron

350 Milliliter Pflanzenöl

400 Gramm Zucker

4 große Eier, zimmerwarm

1 Esslöffel Zimt, gemahlen

½ Teelöffel Ingwer, gemahlen

¼ Teelöffel Nelken, gemahlen

1 Teelöffel Salz

375 Gramm geriebene Karotten (etwa 4 große Karotten)

200 Gramm Pekannüsse, geröstet und gehackt

2 runde Springformen (22 cm Durchmesser)

Dieser Karottenkuchen ist – anders als viele der in Amerika üblichen Karottenkuchen, die vor Ananas, Rosinen und Kokosraspeln nur so strotzen – relativ puristisch; er enthält frische Karotten, Gewürze und geröstete Pekannüsse.

Im Süden der USA nennt man den Karottenkuchen auch „Queen Anne's Cake", nach der englischen Bezeichnung für die Wilde Möhre, von der die Karotte abstammt. In den Südstaaten genießt man zum Nachmittagskuchen gerne ein erfrischendes Glas Eistee.

1. Einen Gitterrost in die Mitte des Backofens schieben und den Ofen auf 175 °C vorheizen. Die beiden Springformen sparsam mit Butter einfetten und den Boden mit Backpapier auslegen.

2. Mehl und Natron in einer mittelgroßen Schüssel mischen und beiseitestellen.

3. Öl, Zucker, Eier, Zimt, Ingwer, Nelken und Salz in einer großen Schüssel mit dem Handrührgerät auf mittlerer Stufe glattrühren. Mehlmischung hinzufügen und gut unterrühren. Die geriebenen Karotten und die gehackten Pekannüsse zugeben und alles kurz vermischen. Den Teig in die vorbereiteten Springformen füllen.

4. In den Backofen stellen und 35 bis 40 Minuten backen, bis sich ein in der Mitte eingestochenes Holzstäbchen sauber wieder herausziehen lässt. Mit einem dünnen Messer an den Innenseiten der Backformen entlangfahren, um die Böden aus der Form zu lösen. Böden aus der Form nehmen, auf ein Kuchengitter setzen, das Backpapier abziehen und auskühlen

Für das Frosting

120 Gramm Butter, zimmerwarm

230 Gramm Frischkäse, zimmerwarm

150 Gramm Puderzucker

2 Teelöffel Bio-Vanilleextrakt oder 1 Teelöffel gemahlene Vanille

1 Prise Salz

Schale von 1 unbehandelten Zitrone, abgerieben (zum Dekorieren)

5. Für das Frosting die Butter und den Frischkäse in einer großen Schüssel mit dem Handrührgerät auf mittlerer Stufe cremig aufschlagen. Zucker, Vanille und Salz hinzugeben und alles zu einer glatten, luftigen Creme verrühren.

6. Einen der Kuchenböden auf eine Servierplatte legen und mit etwas Creme bestreichen. Den zweiten Boden mit der flachen Seite nach unten daraufsetzen und mit dem Rest des Frostings bestreichen. Bis zum Servieren kühlstellen.

7. Den Kuchen kurz vor dem Servieren mit der abgeriebenen Zitronenschale bestreuen.

Tipps und Tricks

Sie sparen eine Menge Zeit und Mühe, wenn Sie die Karotten nicht per Hand, sondern in einer Küchenmaschine mit Raspelscheibe zerkleinern.

Damit das Frosting schön luftig wird, ist es entscheidend, dass Butter und Frischkäse vor dem Aufschlagen Zimmertemperatur angenommen haben.

Schokoladentorte mit Schoko-Frosting

Für den Teig

240 Milliliter kochendes Wasser

80 Gramm ungesüßtes Kakaopulver

220 Gramm Weizenmehl

1 ½ Teelöffel Natron

¼ Teelöffel Salz

400 Gramm Zucker

150 Gramm Butter, zimmerwarm

3 große Eier, zimmerwarm

1 Teelöffel Bio-Vanilleextrakt oder ½ Teelöffel gemahlene Vanille

270 Milliliter Buttermilch

2 runde Springformen (22 cm Durchmesser)

In den USA ist dem Schokoladenkuchen ein eigener Feiertag gewidmet, der „National Chocolate Cake Day" am 27. Januar. Aber eigentlich ist jeder Tag genau der richtige, um diese üppige, typisch amerikanische Schokoladentorte zu backen und den Tag damit zu feiern.

1. Einen Gitterrost in die Mitte des Backofens schieben und den Ofen auf 175 °C vorheizen. Die beiden Springformen buttern und die Böden mit Backpapier auslegen. Die Formen innen mit Mehl bestäuben, überschüssiges Mehl entfernen.

2. Das kochende Wasser und das Kakaopulver in eine kleine, hitzebeständige Schüssel geben und mit einem Schneebesen glattrühren. Beiseitestellen.

3. Das Mehl mit Natron und Salz in eine mittelgroße Schüssel sieben. Zucker und Butter in einer großen Schüssel mit dem Handrührgerät auf mittlerer Stufe schaumig schlagen. Eier einzeln hinzufügen und jedes gut unterrühren. Zum Schluss Vanille und die Kakaomischung unterschlagen.

4. Das Rührgerät auf niedrigste Stufe stellen, dann abwechselnd Mehlmischung und Buttermilch hinzugeben, mit Mehl aufhören. Weiterschlagen, bis eine geschmeidige Masse entsteht. Dann den Teig auf die vorbereiteten Springformen verteilen und glattstreichen.

5. In den Backofen stellen und die Kuchen 35 bis 40 Minuten backen, bis sich ein in der Mitte eingestochenes Holzstäbchen sauber wieder herausziehen lässt. Backformen herausnehmen, auf Gitterroste stellen und 10 Minuten abkühlen lassen. Dann die Böden mit einem Messer aus den Formen lösen und auf die Gitter setzen. Papier abziehen. Kuchenböden wieder umdrehen und auf Zimmertemperatur abkühlen lassen.

Für das Frosting

375 Gramm Puderzucker

120 Gramm ungesüßtes Kakaopulver

120 Gramm Butter, zimmerwarm

1 Teelöffel Bio-Vanilleextrakt oder ½ Teelöffel gemahlene Vanille

Etwa 240 Milliliter Schlagsahne/Konditorsahne (mind. 35 % Fett)

6. Für das Frosting den Puderzucker und das Kakaopulver in eine große Schüssel sieben. Die Butter mit dem Handrührgerät auf niedriger Stufe unterrühren. Vanille zugeben und nach und nach so viel Sahne hinzufügen, bis eine streichfähige Creme entstanden ist.

7. Einen der Kuchenböden auf eine Tortenplatte setzen und mit einer kleinen Menge Frosting bestreichen. Den zweiten Boden daraufsetzen, oben und rundherum ebenfalls mit Frosting bestreichen oder das Frosting mithilfe eines Spritzbeutels rosenförmig aufspritzen. Die Torte vor dem Aufschneiden mindestens 30 Minuten kühlstellen.

Schokoladenkuchen ohne Mehl

Für den Teig

230 Gramm Zartbitterschokolade, grob gehackt

120 Gramm Butter, in Würfel geschnitten, zimmerwarm

6 große Eier, zimmerwarm, 2 davon ganz und 4 getrennt

200 Gramm Zucker

1 runde Springform (20 cm Durchmesser)

Dieser elegante mehlfreie Kuchen ist der Traum eines jeden Schokoladenliebhabers. Nehmen Sie dafür auf jeden Fall die beste Zartbitterschokolade und die frischesten Eier, die Sie auftreiben können. Lassen Sie den Kuchen gut in der Form abkühlen und dekorieren Sie ihn vor dem Servieren mit Schlagsahne.

1. Einen Gitterrost in die Mitte des Backofens schieben und den Ofen auf 175 °C vorheizen. Den Boden der Springform mit Backpapier auslegen; die Form nicht buttern und mehlen. Die Backform auf ein großes Stück Aluminiumfolie setzen, die überstehende Folie am Rand der Form nach oben schlagen.

2. Schokolade und Butter in einer hitzebeständigen Schüssel über einem heißen Wasserbad schmelzen. Sobald beides vollständig geschmolzen ist, die Mischung gut verrühren, aus dem Wasserbad nehmen und leicht abkühlen lassen.

3. Die beiden ganzen Eier und die 4 Eigelb mit der Hälfte des Zuckers (100 Gramm) aufschlagen, bis alles gut gemischt ist. Dann die Schokoladenmischung unterschlagen.

4. In einer zweiten Schüssel die 4 Eiweiß mit dem Handrührgerät auf mittlerer Stufe schaumig schlagen. Nach und nach den restlichen Zucker hinzufügen und weiterschlagen, bis der Eischnee sanfte Spitzen zieht, aber noch nicht ganz steif ist. Ein Viertel des Eischnees unter die Schokoladenmasse rühren, um sie aufzulockern, dann den Rest vorsichtig unterheben. Die Masse in die Form gießen und glattstreichen.

5. In den Backofen stellen und 35 bis 40 Minuten backen, bis der Kuchen aufgegangen ist, die Oberfläche aufbricht und die Mitte nicht mehr wabbelig ist. Auf keinen Fall zu lange backen. Den Kuchen auf einen Gitterrost setzen und in der Form vollständig auskühlen lassen. Der Kuchen wird während des Abkühlens leicht zusammenfallen.

Für die Schlagsahne

360 Milliliter Schlagsahne/ Konditorsahne (mind. 35 % Fett), gekühlt

1 Teelöffel Bio-Vanilleextrakt oder ½ Teelöffel gemahlene Vanille

Ungesüßtes Kakaopulver zum Bestreuen

6. Kurz vor dem Servieren die Sahne mit der Vanille nicht ganz steif aufschlagen. Die Schlagsahne mit einem Spatel vorsichtig mitten auf den Kuchen geben und dann sanft an die Ränder verstreichen. Den Kuchen leicht mit Kakaopulver bestäuben. Mit einem Messer am Rand der Kuchenform entlangfahren, die Form vorsichtig abnehmen und servieren.

Das Sahnehäubchen

Ein Klacks Schlagsahne setzt bei vielen Kuchen genau den richtigen, köstlichen, nicht zu süßen Akzent. Als Garnitur auf Kaffee oder heißer Schokolade serviert man Schlagsahne generell ungesüßt. Wird sie zu Kuchen oder Desserts gereicht, gibt man meist Zucker und Vanille (oder eine andere aromatisierende Zutat, mehr dazu auf Seite 93) dazu.

Schlagsahne wird je nach Land auch Schlagrahm, Schlag oder Schlagobers, Nidel oder Nidle genannt, und sie unterscheidet sich nicht nur im Namen, sondern auch in der Fettstufe: Der übliche Fettgehalt von Schlagsahne in Deutschland liegt bei 30 %, die sogenannte Konditorsahne dagegen hat mindestens 35 % Fett – ebenso viel wie der österreichische Schlagobers und der Schweizer Vollrahm. 30%ige Schlagsahne lässt sich auffetten durch die Zugabe von ca. 10 % Mascarpone (10 % vom Gesamtgewicht, also 90 Gramm Schlagsahne plus 10 Gramm Mascarpone).

Hier kommt das Rezept für eine ideale Schlagsahne zum Kuchen. Die Sahne auf keinen Fall zu lange schlagen, denn ihre Konsistenz sollte leicht und locker sein.

240 Milliliter Schlagsahne/Konditorsahne (35 % Fett), gekühlt

2 Esslöffel Zucker

1 Teelöffel Bio-Vanilleextrakt oder ½ Teelöffel gemahlene Vanille

Sahne, Zucker und Vanille in einer mittelgroßen Schüssel mit einem Handrührgerät auf höchster Stufe schlagen, bis sich Spitzen bilden. Möchten Sie die Schlagsahne nicht sofort verwenden, mit Frischhaltefolie abdecken und bis zum Servieren in den Kühlschrank stellen. Sie hält sich bis zu einem Tag. Trennt sich die Sahne, einfach noch einmal aufschlagen.

Kokostorte

Für den Teig

400 Gramm Weizenmehl (Type 405/glatt)

500 Gramm Zucker

1 ½ Esslöffel Backpulver

½ Teelöffel Salz

5 Eiweiß von großen Eiern

120 Milliliter Vollmilch

1 Esslöffel natürliches Kokosaroma (online erhältlich)

240 Gramm gesalzene Butter, zimmerwarm

240 Milliliter ungesüßte Kokosmilch

2 runde Springformen (22 cm Durchmesser)

Diese dekorative Torte ist etwas für besondere Geburtstage oder Essenseinladungen. Die Hauptzutaten, die den Kuchenteig so unglaublich leicht und saftig machen, sind das feine, glatte Mehl und das leicht aufgeschlagene Eiweiß. Die darübergestreuten, gerösteten Kokosraspel verleihen dem Kuchen ein schönes nussiges Aroma und sorgen für den letzten Schliff.

1. Einen Gitterrost in die Mitte des Backofens schieben und den Ofen auf 175 °C vorheizen. Die Ränder der beiden Springformen mit Butter einfetten und mit Mehl bestäuben, anschließend mit Backpapier auslegen.

2. Mehl, Zucker, Backpulver und Salz in einer großen Schüssel mischen und beiseitestellen. In einer zweiten Schüssel das Eiweiß, die Milch und das Kokosaroma verrühren und ebenfalls beiseitestellen.

3. Die Butter und die Kokosmilch in einer großen Schüssel mit dem Handrührgerät auf niedrigster Stufe gut verrühren. Dann auf mittlerer Stufe etwa 2 Minuten schaumig aufschlagen, bei Bedarf die Schüsselränder sauber abschaben.

4. Die Mehlmischung dazugeben und unterrühren. Dann in 3 Schritten die Eiweißmasse hinzufügen, die Schüsselränder dabei immer wieder abschaben und nach jeder Zugabe nur so lange rühren, bis alles vermischt ist. Den Teig auf die vorbereiteten Springformen verteilen und mit einem Spatel glattstreichen.

5. In den Backofen stellen und 35 bis 40 Minuten backen, bis sich ein in der Mitte eingestochenes Holzstäbchen sauber wieder herausziehen lässt. Backformen aus dem Ofen nehmen und 10 Minuten abkühlen lassen. Die Kuchenböden mit einem Messer aus den Formen lösen, herausnehmen, auf ein Kuchengitter setzen und vollständig auskühlen lassen. Backpapier abziehen. Zum Rösten der Kokosraspel den Ofen auf 175 °C vorheizen. Die Hälfte der Kokosraspel auf einem Backblech ausbreiten und 7 bis 10 Minuten goldgelb rösten. Gut im Auge behalten, die Raspel verbrennen schnell. Vollständig auskühlen lassen, dann mit den restlichen Kokosraspeln mischen.

Für die Kokoscreme

180 Gramm Kokosraspel

230 Gramm Frischkäse, zimmerwarm

120 Gramm gesalzene Butter, zimmerwarm

1 Teelöffel Bio-Vanilleextrakt oder 1/2 Teelöffel gemahlene Vanille

150–200 Gramm Puderzucker

6. Für die Creme Frischkäse, Butter und Vanille in einer großen Schüssel mit dem Handrührgerät auf niedriger Stufe verschlagen. Den Puderzucker hinzufügen und alles glattrühren.

7. Einen der Kuchenböden mit der Oberseite nach unten auf eine Servierplatte setzen, mit der Creme bestreichen und mit etwas Kokosraspel bestreuen. Den zweiten Boden daraufsetzen und den Kuchen rundherum mit der Creme überziehen. Obendrauf gleichmäßig mit Kokosraspeln bestreuen. Die restlichen Kokosraspel in die Creme am Tortenrand drücken. Bei Zimmertemperatur servieren.

Variationen

Anstatt den Kuchen in der Mitte mit Kokoscreme zu füllen, können Sie auch eine andere köstliche Zutat verwenden, zum Beispiel Himbeer-, Erdbeer- oder Blaubeermarmelade oder Lemon Curd. Trotzdem auf jeden Fall auch mit Kokosraspeln bestreuen.

Die Pawlowa hat
einfach jeden verzaubert.
Alles erschien in einem zartrosa Licht,
und sämtliche Sorgen schmolzen dahin.

Pawlowa mit frischen Beeren

Für die Pawlowa

4 Eiweiß von extragroßen Eiern, zimmerwarm

1 Prise Salz, unjodiert und ohne Trennmittel

200 Gramm Zucker

2 Teelöffel Maisstärke

1 Teelöffel Weißweinessig

½ Teelöffel Bio-Vanilleextrakt oder ¼ Teelöffel gemahlene Vanille

Pawlowa, die elegante, nach der russischen Primaballerina Anna Pawlowa benannte Süßspeise, ist ein Zuckerwerk aus Baiser, das mit Schlagsahne und frischem Obst gekrönt wird.

Über den Ursprung dieser himmlischen Speise herrscht von jeher Uneinigkeit. Es heißt, dass Anna Pawlowas Tanzcompagnie die erste gewesen sei, die je auf eine Welttournee ging, und 1926 trat sie in Australien und Neuseeland auf. Ihr Gastspiel in Neuseeland galt als das „Hauptereignis des Jahres 1926". Bis zum heutigen Tag beanspruchen beide Länder die Erfindung der Süßspeise für sich.

Die Pawlowa wird oft mit gemischten Früchten garniert, zu denen Kiwis, Passionsfrüchte und Erdbeeren gehören. Aber ich persönlich finde sie am besten im Frühsommer – mit frischen Beeren der Saison.

1. Backofen auf 175 °C vorheizen. Ein Backblech mit Backpapier auslegen. Mithilfe eines 22 Zentimeter großen Tellers oder einer Kuchenform einen Kreis auf dem Papier einzeichnen.

2. Das Eiweiß in einer großen Schüssel mit dem Handrührgerät auf höchster Stufe 1 bis 2 Minuten steifschlagen. Nach und nach den Zucker hinzufügen und bei Höchstgeschwindigkeit weiterschlagen, bis die Baisermasse fest und glänzend geworden ist.

3. Maisstärke, Essig und Vanille hinzufügen und mit einem Teigschaber vorsichtig unterheben. Die Baisermasse in die Mitte des Kreises auf dem Backpapier häufen und mit einem Messer innerhalb des Kreises verstreichen, es muss nicht ganz exakt sein.

4. Das Blech in den Ofen schieben und die Hitze sofort auf 150 °C reduzieren. 75 Minuten backen. Dann den Ofen ausschalten, die Tür geschlossen halten und das Baiser im Ofen vollständig auskühlen lassen; das dauert ungefähr 30 bis 60 Minuten. Achten Sie aber darauf, dass es nicht anbräunt. Das Baiser soll außen knusprig und innen noch weich sein.

Für die Beeren

170 Gramm frische Erdbeeren, geputzt und in Scheiben geschnitten

170 Gramm frische Blaubeeren

170 Gramm frische Himbeeren

2 Teelöffel feiner Zucker

5. Eine Stunde vor dem Servieren die Erdbeeren, Blaubeeren und Himbeeren in einer Schüssel mischen, mit Zucker bestreuen und durchziehen lassen. Ab und zu umrühren.

Für die Schlagsahne

240 Milliliter Schlagsahne (mind. 35 % Fett), gekühlt

1 Esslöffel Zucker

1 Teelöffel Bio-Vanilleextrakt oder ½ Teelöffel gemahlene Vanille

6. Die Sahne in einer großen Schüssel mit dem Handrührgerät auf mittlerer Stufe schlagen, bis sie beginnt, fest zu werden. Den Zucker und die Vanille zugeben und steifschlagen.

7. Das Baiser vom Backpapier befreien und auf eine Kuchenplatte setzen. Die geschlagene Sahne darauf geben und die Beeren mit einem Löffel auf der Sahne so verteilen, dass etwas Saft an den Seiten herunterlaufen kann. Sofort servieren.

Variationen

Hier sind ein paar weitere köstliche Fruchtkombinationen für eine Pawlowa (bei diesen ist kein Durchziehen nötig):
Nektarinen, Blaubeeren, Kiwis
Pfirsiche, Pflaumen, Brombeeren
Mangos, Bananen, Orangen
Äpfel, Birnen, Weintrauben, getrocknete Cranberrys

Anna Pawlowa

Der Kuchen für ein gebrochenes Herz

Als ich sechzehn war, brach Michael Goldenthal mir das Herz. Er zog weg, um aufs College zu gehen. Ich blieb allein zurück. In Wahrheit war er nie gewillt gewesen, bei unserer Romanze mitzumachen. Ich habe ihm eher nachgestellt als mich mit ihm getroffen. Aber Liebe ist Liebe, und ich war am Boden zerstört. Shoshana wohnte bei uns in unserer hellen Wohnung in der Bronx. In der, die um die Ecke von *Mothers Bakery* lag. Shoshana, die meinen Kummer sah – oder vielmehr spürte –, bot an, mir einen Kuchen zu backen. Etwas Süßes, als Balsam für meine Seele. Aber ich lehnte ihr Angebot mit einer verächtlichen Handbewegung ab. Was kann ein Schokoladenkuchen schon gegen ein gebrochenes Herz ausrichten? Tja, das war natürlich dumm von mir.

Sie hat mir Liebe angeboten. Ach, Torheit der Jugend.

Die Kuchen, die
TALI
BACKT

TALI backt Kuchen
für alle Verwandten.
Wenn du ankommst,
erwartet dich ein Kuchen.
Wenn du gehst,
bekommst du einen Kuchen
mit nach Hause.
Du bist nie allein.
Tali ist immer bei dir.
Ein Kuchen ist immer bei dir.

Der philosophische Kuchen

Als wir in Rom wohnten, haben wir einmal eine Party gemacht und einen tollen pinkfarbenen Kuchen gebacken. Wir sprachen über Lukrez. Und über Spinoza. Sein Streben nach Glück. Und jemand erwähnte das Zitat von Nietzsche, der sagte, ein Tag, an dem man nicht getanzt hat, sei ein verlorener Tag. Eigentlich kaum zu glauben, dass Philosophen tanzen, vor allem Nietzsche.

Aber offenbar tun sie das.

Verloren
sei uns der Tag,
wo nicht
ein Mal
getanzt wurde

Der Gesprächstherapie-Kuchen

Wieder sitzen wir auf der Terrasse am Tisch und reden. Und reden und reden. Über Verwandte, die Idioten sind. Oder Verwandte, die besser sind, als wir dachten. Über die Reisen und Ausflüge, die wir planen. Die Sorgen, die uns zu schaffen machen.

Und immer gibt es einen Kuchen. Wenn man eine ältere Tante besucht (die kurz vorher die nasse Wäsche nach oben aufs Dach geschleppt und zum Trocknen aufgehängt hat), tischt sie einem im frisch gestärkten Kleid garantiert einen Kuchen auf, den sie im Morgengrauen gebacken hat. Daran ist nicht zu rütteln.

Käsekuchen, Honigkuchen oder Obstkuchen.

Dann kann man ihr seine Sorgen anvertrauen, und sie gibt einem einen weisen Rat. Normalerweise. Allerdings nicht immer. Schließlich ist sie auch nur ein Mensch.

Shortcakes mit Erdbeeren und Blaubeeren

Für den Teig

520 Gramm Weizenmehl, zusätzlich etwas Mehl zum Ausrollen

3 Esslöffel Zucker

¼ Teelöffel Salz

5 Teelöffel Backpulver

180 Gramm plus 2 Teelöffel Butter, zimmerwarm

300 Milliliter Schlagsahne/ Konditorsahne (mind. 35 % Fett), gekühlt

1 Ausstechform (8 cm Durchmesser)

Wie könnte man den Sommer schöner feiern als mit diesen Shortcakes, einer Art Mürbeteigtörtchen, auf die Schlagsahne und frische Beeren getürmt werden. Die einzelnen Shortcakes werden als Doppeltaler gebacken, dann auseinandergenommen und mit frischen Erdbeeren, Blaubeeren und Schlagsahne gefüllt. Falls sie nicht frisch aus dem Ofen serviert werden können, wärmen Sie die Törtchen kurz auf, ehe Sie die Beeren und die Schlagsahne dazugeben.

1. Einen Gitterrost in die Mitte des Backofens schieben und den Ofen auf 230 °C vorheizen. Ein Backblech einfetten und beiseitestellen.

2. Mehl mit Zucker, Salz und Backpulver in eine große Schüssel sieben. 170 Gramm Butter hinzufügen und in die Mehlmischung einarbeiten, entweder mit den Händen oder mit den Knethaken des Rührgeräts. Die Sahne zugeben und alles zu einem weichen Teig verarbeiten. Den Teig etwa eine Minute durchkneten, bis er gut zusammenhält.

3. Den Teig auf ein leicht bemehltes Brett oder ein großes Stück Backpapier legen und mit einem bemehlten Nudelholz zu einem etwa 1 ¼ Zentimeter dicken Rechteck ausrollen.

Für die Beeren

680 g frische, reife Erdbeeren

340 g reife Blaubeeren

100 Gramm feinen Zucker, nach Geschmack auch mehr

Für die Schlagsahne

480 Milliliter Schlagsahne/ Konditorsahne (mind. 35 % Fett), gekühlt

1 Teelöffel weißer Rum

½ Teelöffel Bio-Vanilleextrakt oder ¼ Teelöffel gemahlene Vanille

4. Mit der bemehlten Ausstechform so viele Kreise ausstechen wie möglich. Die Teigreste zusammenkneten, neu ausrollen und weiter ausstechen, bis Sie 16 Teigtaler haben. 8 davon auf das Backblech legen. Die übrigen 2 Esslöffel Butter in einem kleinen Topf schmelzen und die Taler mit der flüssigen Butter bestreichen. Die anderen 8 Teigtaler darauflegen. In den Ofen stellen und etwa 15 Minuten goldgelb backen.

5. In der Zwischenzeit die Erdbeeren putzen, halbieren und in eine große, flache Schüssel legen. Blaubeeren hinzufügen und vorsichtig den Zucker untermischen. Zugedeckt etwa 30 Minuten beiseitestellen (siehe Hinweise).

6. Die Sahne in einer großen Schüssel mit dem Handrührgerät auf mittlerer Stufe schlagen, bis sie beginnt, fest zu werden. Den Rum und die Vanille zugeben und steifschlagen. Sie können die Schlagsahne vorbereiten und in den Kühlschrank stellen, sie hält sich abgedeckt bis zu einer Stunde.

7. Die Törtchen auseinandernehmen und die Unterteile der Teigtaler auf kleine Kuchenteller setzen. Auf jeden Taler etwas Sahne und eine großzügige Menge Beeren geben. Dann die anderen Teile daraufsetzen, mit der restlichen Schlagsahne und den Beeren dekorieren und sofort servieren.

Hinweise

Bereiten Sie die Beeren nicht länger als eine halbe Stunde vorher zu, sonst werden sie matschig.

Die Shortcakes kann man auch einfrieren, aber sie sollten vor dem Servieren wieder erwärmt werden.

Variationen

Diese Shortcakes kann man auch mit frischen Pfirsichen und/oder Himbeeren belegt servieren.

Salzkaramelltorte

Für den Teig

330 Gramm Weizenmehl (Type 405/glatt)

1 Teelöffel Backpulver

½ Teelöffel Natron

1 Teelöffel Salz

400 Gramm Zucker

240 Gramm Butter, zimmerwarm

3 große Eier und 3 Eigelb, zimmerwarm

240 Milliliter Buttermilch

1 Esslöffel Bio-Vanilleextrakt oder ½ Esslöffel gemahlene Vanille

2 runde Springformen (22 cm Durchmesser)

Jede Bäckerin und jeder Bäcker sollte ein todsicheres Rezept für einen einfachen Tortenboden kennen. In den USA gehören mit Vanille- oder Schokolade-Frosting gefüllte Rührteigtorten eindeutig zu den beliebtesten Kuchen aller Zeiten und werden zu allen möglichen Anlässen serviert. Wirklich fantastisch schmecken die Tortenböden allerdings, wenn man sie mit einer Salzkaramellcreme füllt und bestreicht.

1. Einen Gitterrost in die Mitte des Backofens schieben und den Ofen auf 175 °C vorheizen. Die beiden Springformen buttern und die Böden mit Backpapier auslegen. Mit Mehl bestäuben, überschüssiges Mehl entfernen.

2. Mehl, Backpulver, Natron und Salz in eine mittelgroße Schüssel sieben. In einer großen Schüssel Zucker und Butter mit dem Handrührgerät auf höchster Stufe schaumig schlagen, das dauert etwa 3 Minuten. Eier und Eigelb eins nach dem anderen einrühren, zwischendurch nach Bedarf die Innenwände der Schüssel abschaben. Rührgerät auf niedrigste Stufe schalten und abwechselnd die Mehlmischung und die Buttermilch hinzufügen, weiterschlagen, bis alles glatt ist. Vanille dazugeben, noch einmal gut aufschlagen und die Schüsselinnenwände wenn nötig mit dem Teigschaber säubern. Den Teig gleichmäßig auf die beiden Backformen verteilen und die Oberflächen glattstreichen.

3. Backformen in den Ofen stellen und 30 bis 35 Minuten backen, bis sich ein in der Mitte eingestochenes Holzstäbchen sauber wieder herausziehen lässt.

4. Die Backformen auf einen Gitterrost stellen und 10 Minuten abkühlen lassen. Dann die Tortenböden mit einem Messer vorsichtig aus der Form lösen und auf das Gitter setzen. Backpapier abziehen. Die Böden umdrehen und auf Zimmertemperatur abkühlen lassen.

Für die Creme

200 Gramm Zucker

120 Milliliter Wasser

Einige Tropfen Zitronensaft, frisch gepresst

90 Gramm gesalzene Butter, zimmerwarm und gewürfelt

90 Milliliter Schlagsahne/ Konditorsahne (mind. 35 % Fett), gekühlt

¼ Teelöffel Salz, unjodiert und ohne Trennmittel

½ Teelöffel Bio-Vanilleextrakt oder ¼ Teelöffel gemahlene Vanille

Meersalz zum Bestreuen (nach Belieben)

5. Für die Creme Zucker, Wasser und Zitronensaft in einem kleinen Topf verrühren und bei mittlerer Hitze 8 bis 10 Minuten erwärmen, bis der Zucker einen dunklen Bernsteinton annimmt und zu dampfen beginnt. Den Topf dabei immer wieder vorsichtig schwenken.

6. Vom Herd nehmen, die Butter hinzugeben und unter Rühren schmelzen lassen, danach Sahne, Salz und Vanille einrühren. Die Creme abkühlen lassen, bis sie nur noch lauwarm ist.

7. Zur Fertigstellung einen Tortenboden mit der flachen Seite nach oben auf eine Servierplatte setzen. Die Hälfte der Creme darauf verteilen; Creme an den Seiten herunterlaufen lassen. Nach Wunsch mit etwas Salz bestreuen. Den zweiten Boden mit der flachen Seite nach unten daraufsetzen. Restliche Creme darauf verteilen und ebenfalls an den Seiten herunterlaufen lassen. Wenn Sie möchten, können Sie den Kuchen noch mit Salz bestreuen.

Gibt es jemand, der keinen Käse-
kuchen mag?
Kann nicht sein.

New York Cheesecake

Für den Boden

100 g Butterkekse, fein zerkrümelt

90 g Butter, geschmolzen

70 Gramm Zucker

1 runde Springform
(22 cm Durchmesser)

Obwohl das Rezept ein ganzes Pfund Frischkäse vorsieht, ist dies ein sehr leichter Cheesecake, längst nicht so mächtig wie die meisten anderen. Man kann ihn zu jeder Jahreszeit backen, aber mir ist er am liebsten als sommerliches Dessert. Oft serviere ich ihn mit Blaubeersauce oder belege ihn noch mit frischen Pfirsichen oder Erdbeeren (oder beidem). Der Kuchen geht hoch auf und fällt dann ein bisschen wieder zusammen; während des Backens dürfen Sie also auf keinen Fall die Ofentür öffnen, um einen Blick hineinzuwerfen.

1. Einen Gitterrost in die Mitte des Backofens schieben und den Ofen auf 175 °C vorheizen. Die Springform mit Butter einfetten. Die Form auf ein großes Stück Alufolie setzen, die überstehende Folie am Rand der Form nach oben schlagen.

2. Die Kekskrümel in eine mittelgroße Schüssel geben, Butter und Zucker hinzufügen und gut mischen. Die Krümelmischung mit der glatten Unterseite eines Glases auf dem Boden der Springform und bis 2,5 Zentimeter hoch am Rand festdrücken.

3. 10 Minuten im Ofen backen. Herausnehmen und vollständig auskühlen lassen.

Für die Füllung

450 Gramm Frischkäse, zimmerwarm

100 Gramm Zucker

2 Esslöffel Weizenmehl

1 Teelöffel Bio-Vanilleextrakt oder ½ Teelöffel gemahlene Vanille

1 Esslöffel Zitronenschale, fein abgerieben

1 Esslöffel Zitronensaft, frisch gepresst

4 große Eier, Eiweiß und Eigelb getrennt

120 Milliliter Schlagsahne/Konditorsahne (mind. 35 % Fett), gekühlt

4. Backofen auf 160 °C herunterschalten. Für die Füllung den Frischkäse und den Zucker in einer großen Schüssel mit dem Handrührgerät auf mittlerer Stufe in 3 bis 5 Minuten schaumig schlagen. Mehl, Vanille, Zitronenschale und Zitronensaft einrühren. Die Eigelbe einzeln hinzufügen und jedes gut unterschlagen. Zum Schluss die Sahne gut einarbeiten.

5. In einer zweiten großen Schüssel das Eiweiß zu steifem Schnee schlagen. Dann vorsichtig unter die Frischkäsemasse heben.

6. Auf den vorbereiteten Kuchenboden gießen, Backform in den Ofen stellen und 75 Minuten backen, bis der Kuchen in der Mitte fest geworden ist. Während des Backens auf keinen Fall die Ofentür öffnen! Den Käsekuchen in der Backform auf einem Gitter bis auf Zimmertemperatur abkühlen lassen. Dann lose zugedeckt für mindestens 4 Stunden in den Kühlschrank stellen.

7. Vor dem Servieren den Kuchen mit einem dünnen Messer aus der Form lösen und den Kuchen auf eine Servierplatte setzen. Den Käsekuchen mit einem dünnen Messer mit glatter Klinge in Stücke schneiden. Das Messer nach jedem Schnitt abwischen und in warmes Wasser tauchen.

Pistazien-Mandel-Kuchen

Für den Teig

120 Gramm Pistazienkerne

30 Gramm blanchierte Mandeln

200 Gramm Weizenmehl

½ Teelöffel Backpulver

¾ Teelöffel Salz

180 Gramm Butter, zimmerwarm

250 Gramm Zucker

3 große Eier, zimmerwarm

½ Teelöffel Bio-Vanilleextrakt oder
¼ Teelöffel gemahlene Vanille

120 Milliliter Vollmilch

1 Kastenform (ca. 23 x 13 cm)

Ein klassischer Rührkuchen, angereichert mit gemahlenen Pistazien und Mandeln. Ich serviere ihn gern mit einem großen Klacks Schlagsahne. Sie können den Kuchen auch mit Früchten der Saison garnieren, im Frühjahr zum Beispiel mit frischen Erdbeeren, im Sommer mit saftigen, reifen Pfirsichen.

1. Einen Gitterrost in die Mitte des Backofens schieben und den Ofen auf 160 °C vorheizen. Die Kastenform leicht buttern, mit Mehl bestäuben, überschüssiges Mehl entfernen.

2. Die Pistazien und die Mandeln in der Küchenmaschine feinmahlen, bis sie wie Mehl aussehen. Mehl, Backpulver und Salz hinzufügen und alles gut vermischen.

3. Die Butter in einer großen Schüssel mit dem Handrührgerät auf mittlerer Stufe cremig rühren. Nach und nach den Zucker zugeben und schaumig schlagen. Die Eier einzeln hinzufügen und jedes gut unterrühren, dabei die Seitenwände der Schüssel immer wieder mit einem Teigschaber säubern. Vanille hinzufügen und noch einmal aufschlagen.

4. Die Mehlmischung in drei Portionen abwechselnd mit der Milch (in zwei Portionen) zugeben und jeweils vor der nächsten Zugabe auf der niedrigsten Stufe gut einarbeiten.

5. Den Teig in die vorbereitete Form füllen und in den Backofen stellen. 70 Minuten backen, bis ein in der Mitte eingestochenes Holzstäbchen sich sauber wieder herausziehen lässt. Den Kuchen 15 Minuten in der Form abkühlen lassen, dann herauslösen, auf ein Gitter setzen und auf die gewünschte Temperatur abkühlen lassen.

Für die Schlagsahne

240 Milliliter Schlagsahne/Konditorsahne (mind. 35 % Fett), gekühlt

1 Esslöffel Zucker

1 Teelöffel Bio-Vanilleextrakt oder ½ Teelöffel gemahlene Vanille

6. Die Sahne in einer großen Schüssel mit dem Handrührgerät auf mittlerer Stufe aufschlagen, bis sie andickt. Zucker und Vanille hinzufügen und steifschlagen.

7. Den Kuchen warm oder zimmerwarm mit der Schlagsahne servieren.

Olivenölkuchen

300 Milliliter Olivenöl
plus Öl für die Form

260 Gramm Mehl

375 Gramm Zucker

1 ½ Teelöffel grobes Meersalz

½ Teelöffel Natron

½ Teelöffel Backpulver

300 Milliliter Vollmilch

3 große Eier, zimmerwarm

2 Teelöffel abgeriebene
Orangenschale

60 Milliliter Orangensaft,
frisch gepresst

60 Milliliter Grand Marnier

1 runde Springform
(22 cm Durchmesser)

Gehaltvolle, aromatische Kuchen mit Olivenöl sind mediterrane Klassiker, und es gibt sie in vielen verschiedene Varianten. Dieser Kuchen hier ist im Handumdrehen gemacht, man braucht dafür nicht einmal ein Rührgerät oder eine Küchenmaschine. Mehl, Zucker und Salz werden gemischt und dann mit Eiern und Olivenöl zu einem Teig vermengt. Sie können einfaches Olivenöl oder hochwertiges Natives Olivenöl Extra verwenden und den Kuchen entweder mit Orange oder mit Zitrone aromatisieren. Dieses Rezept mit Orangensaft, Orangenzesten und Grand Marnier ist eine Variation des Rezepts aus dem Maialono, *einem großartigen italienischen Restaurant am Gramercy Park in New York. Am besten Sie backen ihn im Voraus, denn nach zwei, drei Tagen ist er schön durchgezogen und schmeckt besonders gut.*

1. Einen Gitterrost in die Mitte des Backofens schieben und den Ofen auf 175 °C vorheizen. Die Springform mit Öl einfetten und den Boden mit Backpapier auslegen.

2. Mehl, Zucker, Salz, Natron und Backpulver in einer mittelgroßen Schüssel mischen. Das Olivenöl in einer großen Schüssel mit Milch, Eiern, Orangenschale, Orangensaft und Grand Marnier aufschlagen. Die Mehlmischung dazugeben und mit dem Schneebesen kurz unterrühren, bis alles gerade so gemischt ist. Der Teig wird relativ flüssig sein.

3. Den Teig in die vorbereitete Form gießen und 55 bis 60 Minuten backen, bis die Oberfläche goldbraun ist und ein in der Mitte eingestochenes Holzstäbchen sauber wieder herauskommt. Den Kuchen auf ein Gitter stellen und in der Backform 30 Minuten abkühlen lassen.

4. Mit einem scharfen, dünnen Messer am Rand der Form entlangfahren, um den Kuchen herauszulösen. Auf das Gitter setzen, das Backpapier abziehen und vollständig auskühlen lassen.

Lekach – Jüdischer Honigkuchen

450 Gramm Weizenmehl

1 Esslöffel Backpulver

1 Teelöffel Natron

½ Teelöffel Salz

4 Teelöffel Zimt, gemahlen

½ Teelöffel Nelken, gemahlen

½ Teelöffel Piment, gemahlen

240 Milliliter Pflanzenöl

340 Gramm Honig

300 Gramm Zucker

100 Gramm brauner Zucker

3 große Eier, zimmerwarm

1 Teelöffel Bio-Vanilleextrakt oder
½ Teelöffel gemahlene Vanille

240 Milliliter Kaffee
(oder starker Tee), warm

Lekach wird traditionell an Rosch ha-Schana, dem jüdischen Neujahrsfest, gegessen. Der Kuchen sollte schön saftig und süß sein, gleich nach dem Backen schmeckt er genauso gut wie nach ein paar Tagen. Das Rezept für diesen Honigkuchen stammt aus Marcy Goldmans Kochbuch „A Treasury of Jewish Holiday Baking", es ist das Nonplusultra für diesen symbolträchtigen Kuchen.

1. Einen Gitterrost in die Mitte des Backofens schieben und den Ofen auf 175 °C vorheizen. Die Gugelhupf- oder Ringform einfetten.

2. Mehl, Backpulver, Natron, Salz und Gewürze in einer großen Schüssel mischen. In die Mitte eine Mulde drücken und Öl, Honig, Zucker, Eier, Vanille, Kaffee (oder Tee), Orangensaft und Whisky hineingeben.

3. Mit einem robusten Schneebesen oder einem Handrührgerät auf niedrigster Stufe alle Zutaten zu einem dicken Teig verrühren. Achten Sie darauf, dass am Boden der Schüssel keine trockenen Zutaten kleben bleiben.

120 Milliliter Orangensaft, frisch gepresst

60 Milliliter Whisky

1 Gugelhupf- oder Ringform (22 cm Durchmesser)

4. Den Teig in die vorbereitete Form füllen.

5. Die Form auf einem Backblech in den Backofen stellen und 60 bis 70 Minuten backen, bis der Kuchen in der Mitte zurückfedert, wenn Sie mit den Fingern sanft darauf drücken. Je nach Ofen kann die Backzeit auch ein bisschen länger sein.

6. Den Kuchen 15 Minuten abkühlen lassen, ehe Sie ihn aus der Form nehmen. Mit einem scharfen Messer an den Innenseiten der Form entlangfahren, um den Kuchen zu lösen. Dann auf ein Gitter setzen und vollständig auskühlen lassen.

Alles, was sie sagte, war witzig.

Pflaumenkuchen

120 Gramm Butter, zimmerwarm

150 Gramm Zucker, plus Zucker zum Bestreuen

130 Gramm Weizenmehl

1 Teelöffel Backpulver

1 Prise Salz

2 große Eier, zimmerwarm

12 Pflaumen, halbiert und entsteint (siehe Variationen)

Zitronensaft zum Beträufeln, frisch gepresst

1 Teelöffel Zimt, gemahlen

Schlagsahne zum Servieren (nach Belieben)

1 runde Springform (22 cm Durchmesser)

Dieses Rezept ist eine Adaption des Rezepts, das die Gastro-Autorin Marian Burros erfunden hat. Es erschien zuerst 1983 in der „New York Times“ und ist bis heute das am meisten nachgefragte Rezept, das die Zeitung je veröffentlicht hat. Kein Wunder, dass das so ist – die Torte ist köstlich, ganz einfach herzustellen und unglaublich vielseitig, denn man kann sie mit allen möglichen Obstsorten machen, nicht nur mit den dunkelblauen Pflaumen, die das Originalrezept vorsieht. Daher taucht diese Torte das ganze Jahr über einfach überall auf den Kaffeetafeln auf – an den Feiertagen im Winter ebenso wie zum Picknick oder zur Grillparty im Sommer. Sie ist einfach unverzichtbar.

1. Einen Gitterrost in die Mitte des Backofens schieben und den Ofen auf 175 °C vorheizen. Die Springform auf ein großes Stück Alufolie stellen, die überstehende Folie am Rand der Form nach oben schlagen.

2. Butter und Zucker in einer großen Schüssel auf mittlerer Stufe mit dem Handrührgerät aufschlagen. Mehl, Backpulver, Salz und die Eier hinzufügen und gut verrühren.

3. Den Teig in die Form füllen. Die Pflaumenhälften mit der Schale nach oben auf den Teig legen. Mit etwas Zucker bestreuen und mit Zitronensaft beträufeln. Zuletzt Zimt darüberstreuen.

4. In den Backofen stellen und eine Stunde backen. Die Torte aus dem Ofen nehmen und abkühlen lassen. Mit einem Messer an der Innenseite der Form entlangfahren, dann vorsichtig den Rand der Springform abnehmen. Die Torte einfach so oder mit Schlagsahne servieren.

Variationen

Sie können diese Torte, je nach Jahreszeit, mit fast jedem Obst machen: Im Frühsommer mit Aprikosen, im Sommer mit Beeren, Pfirsichen oder Nektarinen, im Herbst mit Äpfeln, Birnen oder Feigen und im Winter mit frischen oder tiefgefrorenen Beeren.

Gewürzkuchen mit kandiertem Ingwer

Für den Teig

260 Gramm Weizenmehl

½ Teelöffel Natron

¼ Teelöffel Salz

1 Teelöffel Ingwer, gemahlen

1 Teelöffel Zimt, gemahlen

¼ Teelöffel Nelken, gemahlen

90 Gramm Butter, zimmerwarm

100 Gramm Rohrohrzucker

2 große Eier, zimmerwarm

120 Milliliter Zuckerrohr-Melasse

120 Milliliter sehr heißes Wasser

100 g kandierter Ingwer, fein gehackt

60 Milliliter Bourbon-Whiskey (nach Belieben)

Puderzucker zum Bestäuben (nach Belieben)

1 quadratische Backform (20 x 20 cm groß)

Dieser Gewürzkuchen ist einer der schönen kleinen Kuchen, die man jederzeit und zu jeder Gelegenheit backen kann und sollte. Frisch aus dem Ofen, noch warm und mit Puderzucker bestäubt oder mit einem Klacks Whiskey-Sahne serviert schmeckt er einfach wunderbar. Auch nach ein, zwei Tagen, wenn der Kuchen schön durchgezogen und noch aromatischer geworden ist, schmeckt er großartig. Allerdings wird dieser Kuchen meist gar nicht so alt …

1. Einen Gitterrost in die Mitte des Backofens schieben und den Ofen auf 175 °C vorheizen. Die Backform einfetten.

2. Mehl, Natron, Salz, Ingwer, Zimt und Nelken in eine mittlere Schüssel sieben und beiseitestellen.

3. Butter und Rohrohrzucker in einer großen Schüssel mit dem Handrührgerät bei mittlerer Stufe in 2 bis 3 Minuten schaumig schlagen. Die Schüsselinnenwände sauber abschaben. Dann die Eier gut unterschlagen. Melasse, heißes Wasser und kandierten Ingwer einarbeiten, zum Schluss den Bourbon-Whiskey (falls verwendet) unterrühren.

4. Die Mehlmischung hinzufügen und mit dem Rührgerät auf niedrigster Stufe nur so lange rühren, bis alles gerade vermischt ist (der Teig wird eher fest sein).

5. Den Teig in die vorbereitete Form geben und die Oberfläche glattstreichen. In den Backofen stellen und 40 bis 45 Minuten backen, bis ein in der Mitte eingestochenes Holzstäbchen sich sauber wieder herausziehen lässt. Die Form auf ein Gitter stellen und den Kuchen 20 Minuten abkühlen lassen.

Für die Schlagsahne (nach Belieben)

240 Milliliter Schlagsahne/Konditorsahne (mind. 35 % Fett), gekühlt

2 Esslöffel Puderzucker

2 Esslöffel Bourbon-Whiskey (nach Belieben)

6. Die Sahne schlagen, bis sie andickt. Dann den Puderzucker und den Bourbon-Whiskey (falls verwendet) zufügen und weiterschlagen, bis die Sahne dick, aber nicht ganz steif ist.

7. Den Kuchen aus der Form lösen, in quadratische Stücke schneiden und noch warm mit der Schlagsahne servieren. Oder den Kuchen in der Form vollständig auskühlen lassen und bis zum Servieren gut abdecken. Dann nach Belieben mit Puderzucker bestäuben und in Stücke schneiden.

Torte mit weißem Frosting

Für den Teig

390 Gramm Weizenmehl

1 Esslöffel Backpulver

½ Teelöffel Salz

240 Milliliter Vollmilch

1 Teelöffel Bio-Vanilleextrakt oder ½ Teelöffel gemahlene Vanille

400 Gramm Zucker

240 Gramm Butter, zimmerwarm

5 Eiweiß von großen Eiern, zimmerwarm

2 runde Springformen (22 cm Durchmesser)

Diese Torte ist sozusagen das Kleine Schwarze unter den Kuchen. Wie meine Mutter immer so schön gesagt hat: „Perfekt für jede Gelegenheit, egal ob schick oder leger." Ich serviere sie am liebsten bloß mit der schlichten Creme aus Zucker, Butter und Sahne, aber Sie können die Torte nach Herzenslust mit bunten Zuckerstreuseln herausputzen oder mit frischem Obst verzieren. Sie können auch abgeriebene Orangen- oder Zitronenschale zum Teig und zum Frosting geben, um eine Zitrustorte zu erhalten. Mit diesem Kuchen können Sie wirklich nichts falsch machen – genau wie mit dem Kleinen Schwarzen eben.

1. Einen Gitterrost in die Mitte des Backofens schieben und den Ofen auf 175 °C vorheizen. Die beiden Springformen mit Butter einfetten und die Böden mit Backpapier auslegen. Mit Mehl bestäuben, überschüssiges Mehl entfernen.

2. Mehl, Backpulver und Salz in eine mittelgroße Schüssel sieben. Milch und Vanille in einer kleinen Schüssel verrühren. Zucker und Butter in einer großen Schüssel mit dem Handrührgerät etwa 3 Minuten lang auf höchster Stufe schaumig schlagen.

3. Die Mehlmischung mit der Milchmischung mit dem Rührgerät auf niedriger Stufe verschlagen, jeweils in drei Teilen dazugeben und nach jeder Zugabe glattrühren; immer wieder die Innenseiten der Schüssel abschaben.

4. Das Eiweiß in einer zweiten großen Schüssel mit sauberen Rührbesen auf höchster Stufe aufschlagen, bis es steife, aber noch sanfte Spitzen bildet. Den Teig mit einem Drittel des Eischnees auflockern, dann den restlichen Eischnee vorsichtig unterheben. Den Teig gleichmäßig auf die vorbereiteten Backformen verteilen und glattstreichen.

5. In den Backofen stellen und 30 bis 35 Minuten backen, bis ein in die Mitte eingestochenes Holzstäbchen sich sauber wieder herausziehen lässt. Die Backformen auf ein Gitter setzen und 10 Minuten abkühlen lassen. Dann mit einem scharfen Messer an den Innenseiten der Formen entlangfahren, die Böden auf ein Gitter setzen und das Backpapier abziehen. Die Böden vollständig auskühlen lassen.

Für das Frosting

500 Gramm Puderzucker

240 Gramm gesalzene Butter, zimmerwarm

1 Teelöffel Bio-Vanilleextrakt oder ½ Teelöffel gemahlene Vanille

3 bis 4 Esslöffel Schlagsahne

6. Für das Frosting den Puderzucker in eine große Schüssel sieben. Die Butter dazugeben und mit dem Handrührgerät auf niedrigster Stufe verrühren, bis die Masse glatt ist. Vanille hinzufügen und nach und nach so viel von der Sahne einarbeiten, bis eine streichfähige Creme entstanden ist.

7. Einen der Tortenböden auf eine Servierplatte setzen und mit einer kleinen Menge Frosting bestreichen. Den zweiten Boden daraufsetzen. Die Torte rundherum mit dem Frosting überziehen, dabei, falls gewünscht, ein Wellenmuster einarbeiten. Die Torte vor dem Anschneiden mindestens 30 Minuten ruhen lassen.

Variation

Sie können auch eine kleinere, aber dafür höhere Version dieser Torte machen, indem Sie den Teig in drei runden Formen backen, die jeweils 20 Zentimeter Durchmesser haben. Den Teig gleichmäßig auf die Formen verteilen und glattstreichen. Die Backzeit könnte sich gegenüber einer zweischichtigen Torte etwas verkürzen, machen Sie daher schon nach 25 Minuten eine Stäbchenprobe.

Die Kuchen der Leute, die ich nicht kenne

Überall auf der Welt und zu jeder Zeit essen die Menschen Kuchen. Das war immer so, und es wird immer so bleiben.

Eine Gruppe Kinder hört auf zu spielen, um Kuchen zu essen.

Ein Mann, der gerade gemütlich auf dem Sofa liegt und ein Nickerchen macht, wird aufwachen und einen köstlichen Kuchen vor sich stehen haben.

In Gesellschaft oder allein, beim Feiern oder einfach nur nachdenklich dasitzend: Irgendjemand genießt immer gerade einen besonderen Moment – mit einem Stück Kuchen.

Was ich gelernt habe?
Keine Party ohne Kuchen.
Kein Feiertag ohne Kuchen.
Kein besonderer Anlass ohne Kuchen.
Mit Kuchen ist alles viel schöner.
Stellt den Kuchen auf den Tisch.
Wir wollen leben. Wirklich leben.

Ein paar Backtipps

Vorbereitung

- Den Backofen immer vorheizen.
- Überprüfen Sie die Temperatur Ihres Backofens. Preiswerte Ofenthermometer sind oft ungenau. Verwenden Sie ein hochwertiges Messgerät.
- Alle Zutaten sollten, sofern nicht anders angegeben, Zimmertemperatur haben, wenn Sie den Teig anrühren.
- Die Zutaten vorbereiten – abmessen, mischen, sieben und so weiter –, ehe Sie mit dem Mischen des Teigs anfangen, damit zwischen den einzelnen Schritten möglichst keine Pausen entstehen. Den Teig nach dem Anrühren nicht stehen lassen, sondern sofort in die Backform und in den Ofen stellen.
- Verwenden Sie nur Backformen in der im Rezept angegebenen Form und Größe. Andere Größen können dazu führen, dass der Kuchen überquillt oder nicht richtig aufgeht oder bräunt.

Zutaten und Abmessungen

- Nehmen Sie unbedingt echten Vanilleextrakt, am besten in Bio-Qualität, keinen mit Vanillin. Das Aroma der echten Vanille hat nicht den leicht künstlichen Geschmack der Produkte aus Vanillin, zudem ist der synthetisch hergestellte Aromastoff gesundheitsschädlich.
- Beim Abmessen von klebrigen Zutaten wie Honig oder Melasse pinseln Sie das Messgefäß vorher mit Pflanzenöl ein oder spülen Sie es mit heißem Wasser aus, ehe Sie die Zutat hineingeben. Dann lässt sich die klebrige Masse anschließend problemlos ausgießen.

Rühren und Schlagen

- Wenn Sie etwas mit dem Handrührgerät verrühren oder schlagen, sollten Sie immer wieder die Innenwände der Schüssel und die Rührbesen mit einem Teigschaber säubern.

Eier

- Verwenden Sie – sofern nicht anders angegeben – immer große Eier (Gewichtsklasse L). Bei den meisten Rezepten sollten die Eier unbedingt Zimmertemperatur haben, denn zimmerwarme Eier lassen sich leichter in den Teig einarbeiten und besser verschlagen als gekühlte. Kommen die Eier aus dem Kühlschrank, vor dem Gebrauch etwa 3 Minuten in einer Schale mit heißem Leitungswasser anwärmen.
- Wollen Sie Eischnee schlagen, müssen Sie die Eier äußerst sorgfältig trennen. Gerät auch nur die kleinste Spur von Eigelb ins Eiweiß, wird der Eischnee nicht gelingen. Das lässt sich nicht wieder hinbiegen – Sie haben in dem Fall keine andere Wahl, als von vorne zu beginnen.
- Beim Einarbeiten von Eischnee immer zuerst ein Viertel oder ein Drittel untermischen, um den Teig aufzulockern, erst dann den restlichen Eischnee vorsichtig unterheben. Durch diese Methode geht weniger Volumen verloren, als wenn Sie die gesamte Menge auf einmal unterheben. Arbeiten Sie mit einem großen Schneebesen, einem großen Löffel oder einem großen Teigschaber, ziehen Sie Ihr Werkzeug durch die Mitte des Teigs und dann an der Schüsselwand nach oben. Dann die Schüssel ein Stückchen drehen. So lange wiederholen, bis keine Eiweißklümpchen mehr zu sehen sind. Rechtzeitig aufhören!
- Die Schüssel auszulecken oder vom Löffel zu probieren ist bei Teig, der rohe Eier enthält, vor allem für kleine Kinder nicht unbedingt ratsam. Aber wenn Sie einen Kuchen oder eine Glasur ohne Eier machen, spricht nichts dagegen.
- Wie Sie feststellen, ob Ihre Eier frisch sind? Eine Schüssel oder einen Topf mit kaltem Wasser füllen und die Eier vorsichtig hineinlegen. Sinken sie auf den Boden des Gefäßes und bleiben dort liegen, sind sie frisch. Bleiben sie am Boden, aber stellen sich auf, sind sie etwas älter und sollten bald verzehrt werden. Treiben sie an die Oberfläche, sind sie alt und sollten nicht mehr verwendet werden.

Backen und Gartest

- Stellen Sie die Kuchenformen zum Backen in die Mitte des Backofens und achten Sie darauf, dass sie weder einander noch die Ofenwände berühren.
- Testen Sie die Garstufe zum ersten Mal nach der kürzesten angegebenen Backzeit.
- Wenn Sie zwei oder mehr Böden backen, prüfen Sie bei jedem einzelnen, ob er fertig ist. Die Kuchen hinten im Ofen könnten 2 bis 3 Minuten früher fertig sein als die, die vorne stehen. Jeweils herausnehmen, sobald sie fertig sind.
- Ein Kuchen oder Kuchenboden ist fertig, wenn ein in der Mitte eingestochenes Holzstäbchen (zum Beispiel ein Zahnstocher) sauber wieder herauskommt, ohne dass Teig oder Krümel daran haften, oder wenn der Kuchen zurückfedert, wenn Sie mit den Fingern in der Mitte leicht darauf drücken.

Mit Creme, Frosting oder Glasur bestreichen

- Den Kuchen immer vollständig auskühlen lassen, aber nach dem Auskühlen Creme, Frosting oder Glasur zügig aufbringen. Steht der Kuchen zu lange ohne Creme oder Glasur, trocknet er aus.
- Lose Krümel entfernen.
- Den Kuchen am besten etwas erhöht auf die Arbeitsplatte stellen, denn dann sehen Sie besser, was Sie tun. Drehteller mit Fuß zum Dekorieren von Kuchen und Torten erhalten Sie in Küchengeschäften oder online.
- Um die Servierplatte beim Bestreichen sauberzuhalten, schieben Sie rundum einige Streifen Backpapier unter den Kuchenrand. Danach das Papier herausziehen und Sie müssen höchstens noch ein bisschen nachbessern.
- Bei zweischichtigen Torten streichen Sie etwa ein Viertel der Creme als Füllung zwischen die einzelnen Böden. Bei dreischichtigen Torten nehmen Sie die gleiche Menge, verstreichen die Creme aber dünner.

- Eine Winkelpalette aus Metall ist das optimale Werkzeug zum Verstreichen von Creme, Frosting und Glasur auf Kuchen und Torten, aber zur Not geht auch ein schlichtes Tafelmesser.

Schlagsahne

Hier sind ein paar aromatische Zutaten, mit denen Sie das Grundrezept für Schlagsahne von Seite 34 interessant variieren können. Sie werden dazugegeben, wenn Sie den Zucker und die Vanille unterschlagen.

- Kaffeesahne: 2 Teelöffel Espressopulver und, falls nötig, etwas mehr Zucker zur Sahne geben.
- Kakaosahne: 1 Esslöffel ungesüßtes Kakaopulver und 2 Teelöffel Zucker mit 2 Esslöffeln flüssiger Schlagsahne zu einer dicken Paste verrühren und unter die Sahne mischen.
- Ahornsirupsahne: Den Zucker durch 2 Esslöffel guten Ahornsirup ersetzen.
- Orangensahne: 1 Teelöffel fein abgeriebene Orangenschale und 1 Teelöffel Orangenblütenwasser zur Sahne geben.
- Zitronensahne: 3 Esslöffel gekühlten Lemon Curd und, falls nötig, etwas mehr Zucker zur Sahne geben.
- Zimtsahne: 1 Teelöffel gemahlenen Zimt und, falls nötig, etwas mehr Zucker zur Sahne geben.
- Sahne mit Schwips: 2 Esslöffel Bourbon-Whiskey zur Sahne geben. Das schmeckt besonders gut zu allen Arten von Gewürzkuchen. Oder die Sahne mit 2 Esslöffeln Rum verfeinern. Ein Klacks Schlagsahne mit Rum passt wunderbar zu Schokoladenkuchen.

Ein großes Stück vom Kuchen gebührt mit einem Dankeschön:

Meinen Freundinnen und Freunden – Susan, Bernard, Cosmo, Rose, Carol, John, Wilson, Bruce, Dirk, Kari, Michael und Curtis, die mit mir Kuchen gegessen und ihre Gedanken und Ansichten geteilt haben. Wer hätte gedacht, dass es so viele unterschiedliche Meinungen über Kuchen gibt? Chelsea Baker dafür, dass sie alle Kuchenrezepte so gewissenhaft und ausgezeichnet getestet hat.
Und wie immer meiner geliebten „Kleinfamilie“.
Barbara Scott-Goodman

Lulu, Alex und – neuerdings – Olive Orbit Bennett.
Wo wäre ich ohne sie?
Maira Kalman

Charlotte Sheedy, Ann Godoff und Claire Vaccaro.
Ein herzliches Dankeschön von uns beiden!

Die Originalausgabe des Buches erschien unter dem
Titel CAKE bei Penguin Press, einem Imprint von Penguin
Random House, New York 2018.

Rezepte von Barbara Scott-Goodman
Covergestaltung: Maira Kalman
Buchgestaltung: Barbara Scott-Goodmann und Claire Vaccaro
Lettering der deutschen Ausgabe: Andreas Posselt, buero8
Druck und Bindung: L.E.G.O., Vicenza
ISBN 978-3-95614-329-8

www.kunstmann.de